Simples como as nuvens
leve como as despedidas

Kau Bonnett

Simples como as nuvens
leve como as despedidas

MADREPÉROLA
EDITORA

1ª edição
2022

Coordenação editorial   Rafael Silvaro
Capa   Luiz Zornig Neto
Diagramação   Cris Spezzaferro
Revisão de textos   Amanda Damasio e Thiene Morais

Dados Internacionais de Catalogação na Publicação (CIP)
Tuxped Serviços Editoriais (São Paulo, SP)
Ficha catalográfica elaborada pelo bibliotecário Pedro Anizio Gomes - CRB-8 8846

B7121 Bonnett, Kau.
         Simples como as nuvens, leve como as despedidas / Kau Bonnett. - 1. ed. -
Londrina, PR : Editora Madrepérola, 2022.
         130 p.; 14 x 21 cm.
         ISBN 978-65-87269-67-2.
         1. Aforismos. 2. Carta. 3. Conto. 4. Crônica. I. Título. II. Assunto. III. Autora.
                                                          CDD B869.93
22-3004644   CDU 82-34 (81)

ÍNDICE PARA CATÁLOGO SISTEMÁTICO
1. Literatura brasileira: Romance, crônica, conto, novela, cartas.
2. Literatura: Conto (Brasil).

Conselho editorial   Marcelle Zacarias, Silva Tolentino Bezerra e
                         Ricardo Augusto de Lima

www.editoramadreperola.com | contato@editoramadreperola.com

Produzido pela Editora Madrepérola
Tel. 43 3351-8003
www.editoramadreperola.com
contato@editoramadreperola.com

Dedicado às minhas eternas
companheiras,
as nuvens.

Introdução

A vida só passou a valer quando aceitei apreciar o fluxo da natureza que passa pela existência. Olhar para cima me tira do automático e me faz perceber a pressa com a qual o sol se levanta enquanto o amor que nasce entre dois seres é lento e delicado. Olhar para cima me faz sentir como um grãozinho e me permite lembrar como tudo muda constantemente, como tudo é sobre despedir-se e não é tão leve assim.

E por falar em despedidas, percebo que a maioria delas se tornaram sóis que foram deixados para trás contra a minha vontade. Elas são as pessoas que me apresentaram o mundo através do seu olhar sem pedir nada em troca, ou que ficaram apenas o tempo necessário em minha vida, que é provavelmente o tempo do meu amadurecimento.

A despedida, assim como a imensidão do céu, não é simples.

Por não gostar de introduções, finjo que esse começo é apenas um ensaio e que esse livro é uma passagem, um fim que acaba de começar. Ao terminá-lo, você não será mais a mesma pessoa, assim como eu também não sou mais a mesma, assim como as estações mudam e como as nuvens são passageiras. Mas, antes que seja necessário se despedir do livro e de todo o resto, recomendo estar inteiro em amor para que não se arrependa.

Associações, analogias e respiros não são atrasos, são combustíveis naturais para os humanos que ainda sentem, mas que, às vezes, ignoram o sentir.

Espero que você usufrua dessa viagem e que, se por um acaso se perder, aproveite e faça uma pausa, em silêncio.

Ah e, prepare-se para ler muitos céus e nuvens, não só aqui no livro.

Simples como as nuvens

Se tem uma coisa que ninguém vai conseguir te ensinar cem por cento, é sobre o que significa viver. E isso porque a simplicidade para alguns é o luxo de outros. Quero dizer: a mesma natureza que é diariamente necessária para uns, é para outros apenas um refúgio quando tudo está caótico demais. As realidades são diferentes, as pessoas são diferentes.

Sugiro que você aprenda a dançar no seu próprio ritmo. E que de vez em quando experimente o vento no rosto ao descer a ladeira com a bicicleta. Não tenho como descrever o que você irá sentir, mas verifique os freios antes, para evitar se machucar. Identifique, quando possível, o que é urgente para você. Mas ainda que esteja com pressa, faça uma gentileza a um idoso e pare o que estiver fazendo para apreciar ou ser a causa da gargalhada de uma criança. Assim, você honra o seu passado e não perde a oportunidade de fazer um pouquinho que seja para um futuro melhor. Tenha planos e tente estar em paz consigo mesmo, assim poderá perceber os sinais da vida.

Essas coisas podem lhe dar um norte, mas ainda assim, a vida carrega máscaras. Não há um jeito certo e muito menos um jeito só para te fazer entender o que é viver e o que é amar a vida. Você terá que descobrir.

E um último conselho... tente pensar em quem você pode ser hoje, nas suas condições e nunca pare de sonhar.

Quando você olha para o céu, você não está olhando para o céu, não é sobre ele. É sobre você, você está olhando para si mesmo.

Não há como desviar o olhar da imensidão e não há como focar em apenas uma estrela, mesmo que ela esteja em destaque, não é apenas ela que faz o céu.

Certa vez, escutei de forma superficial uma história sobre um louco.

Diziam que este louco era incansavelmente de si mesmo, porque todos os dias, ao acordar, ele se olhava no espelho e dizia que ele era a pessoa mais corajosa que havia conhecido até hoje. E todos os dias ele se reconhecia como a coragem. Às vezes, ele se cansava e trocava a coragem pela simpatia, outras vezes, pela gratidão e assim ele se fazia dele.

Ele tinha uma ambição em ser dele, mas ele tinha um motivo que adorava compartilhar, dizendo: "Cada vez que me sinto meu, sinto-me ainda mais do mundo. O tanto de coragem que tenho é o tanto que distribuo. O tanto de gratidão que tenho é o triplo que recebo e que posso destinar. Se eu sou por mim, posso ser ainda mais pelo outro. Eu não quero ser uma estrela só quando eu morrer. Quero virar uma estrela agora, mas não uma estrela que tem holofotes sobre si, isso ofuscaria o meu brilho. Eu quero me tornar uma estrela que possa explodir e resultar em outras. Quero que o propósito seja formar um céu de estrelas que brilham em intensidade para formar novos céus e assim confortar outros corações".

Quando você olha para o céu, você não está olhando para o céu, não é sobre ele.

Quando você olha para o céu, está olhando para a sua própria imensidão.

Quero cada vez mais confiar na vida, como quem confia em seu primeiro amor.
E que seja o que tiver que ser.

É madrugada e eu estou debaixo do chuveiro tentando parar as minhas lágrimas. Deixo a água cair em meu peito para ver se me acalma, mas não há calma aqui. O devaneio me leva para longe e começo a pensar em como somos sozinhos. Penso em Carl Jung, que tinha razão ao dizer o seguinte: "a solidão não nasce de não termos ninguém próximo, mas de sermos incapazes de comunicar as coisas que nos parecem importantes ou de sustentar certas opiniões que outros acham inadmissíveis"[1].

Me parece que isso nos enfraquece ao ponto de nos calarmos e só conseguirmos responder o óbvio, sem jeito algum e com agressividade, até chegarmos ao isolamento. Penso que isso é algo eterno, já que Jung, aos seus 79 anos, ainda sofria com as seguidas crises de depressão e dúvidas sobre si mesmo. Hoje, lendo os seus escritos, percebo que isso sempre existiu, em todas as épocas e talvez desde sempre.

Desligo o chuveiro, o choro acabou por agora e por ora, me vem a vontade de fugir de onde estou. Buscar algo em outra cidade, começar uma nova vida, ser alguém diferente, alguém anônimo. Mas o que eu queria mesmo era deixar os meus pensamentos aqui no banho, para então pegar as malas e partir, pois eu sei que não importa o quanto eu fuja, a dúvida sempre irá me alcançar.

Visto-me, fecho a porta do banheiro e me deito na minha cama. Não há lembranças recentes que eu queira reviver, pois elas doem. Não quero recordar a minha infância, pois as memórias me fazem querer voltar no tempo. Não

____

1. Do livro *Curador ferido de almas.*

tenho futuro para projetar, pois não desejo que a ansieda-
de impeça o sono de chegar. Não há nada, simplesmente
nada a se fazer e ainda assim a dor aparece. Suporto o so-
frimento para então superá-lo.

"Decidir morrer para fora e viver para dentro" é o mais
alto preço da humanidade: quem estiver disposto a pagar
corre o risco de enlouquecer.

Para onde vai a nossa luz depois que a gente se apaga?

Não é curioso que a única coisa que nos põe em dúvida é a matéria?

A nossa vida está no que não é visível nem palpável, está na energia que nos conecta.

Do lado oeste do céu, a nuvem assistiu ao nascer do sol, bem distante do mesmo. Era fim de tarde e ela já estava no leste, mais uma vez longe daquele que mais amava contemplar. Já era noite, quase hora de dormir, quando um vento repentino a chamou para uma dança. Como uma brisa de verão, ele a conduziu para outro lugar e ela, sem pensar, foi.

Já de madrugada, a nuvem – agora apaixonada – rodopiava com o vento que sem conhecer a reciprocidade, levou-a para a tempestade. O vento, então, mudou de par, substituiu-a sem pensar. A nuvem se encontrava sozinha agora, sem nem saber onde estava, se deixou levar pelas lágrimas, era o que lhe restava.

Enquanto em si ardia a dor do amor, na terra celebravam a chuva.

Hora de o sol nascer.

Em instantes parou de chover lá embaixo, era a nuvem que acabara de perceber os raios de sol aquecendo-a. Estava ainda no leste, de frente para o astro, onde sempre quis estar.

Contemplou a sua chegada e compreendeu os porquês.

Se chove num dia, se apenas existe no outro, se dança com o vento ou se beija os aviões, ela continua a ser nuvem, continua apesar de tudo.

Um dia me disseram que há mais entrega no amor ao próximo do que a nós mesmos. Disseram também que no momento em que nos encontramos em alguma íris, a vida tem mais sentido.... Sobre todas as coisas que eu ouvi sobre o amor e ainda ouço, concluo hoje que o amor apenas existe. Ele não é isso e aquilo, mas ele existe para transformar as coisas, para nos dar vida, para fazer a vida ser vivida em sua intensidade.

Recentemente, por exemplo, vi o amor existir em um gênero musical que transformou a minha vida. O samba me abraçou com a letra, melodia e alegria. Vi coisas nos meus dias que sem ele eu não conseguiria ver, tive percepções de mim que tento compreender até hoje. O amor existe em detalhes musicais que nos aproximam de outras vidas. A vida existe dentro do amor.

O samba ainda é presente, mas a euforia passou, isso não quer dizer que o amor pelo samba também tenha passado, pelo contrário, todas as vezes que ouço ou vejo os olhos do samba, meu peito aquece e o sorriso é largo, foram lindos momentos e infinitos aprendizados. O samba existe em amor e a minha forma de amar transformou-se.

Esse não é um texto sobre o samba, é sobre a existência do amor em detalhes.

O amor é o que é. E quando ele se for, ou enquanto estiver sendo, você saberá.

A vida fala coisas bonitas, ela só precisa de bons ouvintes.

Eu tive que chover, temporais aconteceram
e agora eu consigo garoar.

Lembro dos passos que dei, consigo lembrar do sol tocando a minha pele, da natureza me arrepiando e encantando a minha alma. Era a liberdade mais linda, o oxigênio mais intenso, era a humildade de mãos dadas com a calma.

Logo cedo eu acordava e me aceitava, buscava pela paz que eu encontrava a poucos metros de mim. O prazer estava nos olhares trocados, nos gestos, no jeito torto e na ajuda. A respiração era constante, ofegante e muitas vezes linear. A energia ganhava de qualquer outro sentimento e se sintonizava com a contemplação.

E de repente, tudo escureceu. Os abraços ficaram distantes e o peso era o ar. Eu sabia tanto que, no final, eu não soube de mais nada e assim eu me perdi, entrei em modo automático e quis apenas existir. E nesse existir eu tive o feliz pensamento de que talvez, esse poderia ter sido o estalo de um despertar ímpar.

Tornei o silêncio mais íntimo, a minha alimentação eu mudei e aos novos exercícios me adaptei. Busquei pela minha infância, quem eu fui e hoje busco ser.

Quero ser responsável pelas minhas frustrações, mas antes pelos meus pensamentos. Quero ser feliz comigo, antes de ser com alguém. Quero a minha solidão, em paz. Serei uma versão melhor de mim, dia após dia.

Nada neste mundo é meu. Logo, nada posso doar, mas tudo posso repassar.

Se algo pegar, um dia terei que devolver. Se algo pegarem de mim, terão que devolver. Que não seja no mesmo remetente, ou da mesma forma, mas uma devolução terá que ser feita.

O amor que recebi não tenho, já repassei. O tempo que me foi destinado para que eu pudesse aprender, não tenho mais, aprendi e repassei.

Nada é meu. Tudo é transitório.

Passa por mim pegando o que precisa para continuar e levar aos outros.

Passo pelo outro, pego o que preciso e destino para outro alguém.

Nada possuo, muito menos a certeza.

Amanhã poderei discordar de tudo isso e hoje não tenho nada além da sensatez.

O limite de cada amor é um amor ainda maior.

Um amor começa no momento em que você sente saudade?

Te ama, meu bem.

Te ama não só porque eu te amo e digo "te ama", mas te ama para o mundo poder te amar, para você conseguir demonstrar tudo o que se passa através desse seu olhar.

Cada um que você tocar, para cada pessoa que conversar, que seja de amor.

Te ama pelo amor que você merece e que sabe que vem, pois ele vem. Mas não espere, te ama.

Com a mesma alegria que você me espera tarde da noite em um domingo, alegra o mundo e te ama todos os dias.

Te amo.

Dez mil pés acima da civilização, há no mínimo setenta pessoas desconhecidas como companhia. Aqui em cima é um bom lugar para pensar na vida, nos planos, no que há de mais distante dentro do nosso espaço individual no mundo. Parece-me uma boa ideia imaginar como a vida seria se ao pousar tudo fosse diferente, como eu imagino agora.

Existem mais pessoas do lado de fora, ainda nas nuvens, indo para outros lugares, vivendo as mesmas sensações, mas será que estão conscientes da tamanha sorte que carregam consigo? Ou apenas estão cientes do privilégio que é beijar as costas das nuvens enquanto atravessamos os mares?

Gosto de pensar que sim, prefiro pensar que há sincronicidade, principalmente aqui em cima.

O que sobra depois que você diz tudo o que sente?

Sobre os processos...

Colocar amor em tudo.

Buscar se conhecer.

Encarar as próprias sombras.

Aceitá-las.

Continuar.

Querer desistir.

Chorar muito.

Respirar e retomar a vida.

Pedir colo.

Resistir.

Aceitar.

Lembrar seus princípios.

Fazer planos e falhar.

Olhar para a própria criança.

Pedir perdão.

Querer desistir novamente.

Progredir.

Parar.

Beber água.

Respirar e descansar.

Gargalhar bem alto.

Compreender.

Transpirar.

Entender que a vida é uma pancada de acontecimentos e o melhor fluxo possível é no coletivo.

Ser vulnerável para se adaptar, se moldar, se construir a partir do que o mundo precisa para ser melhor.

Ser humilde.

Ser humano.

Se olhar e olhar o outro.

Como posso ajudar?

Estou aprendendo.

Pode me ajudar também?

Repetir.

E aprender.

Viver.

Você ainda não cansou de olhar apenas para baixo? Não te doem as costas ou a cabeça? Encaixar seu maxilar no horizonte não vai te fazer menos seu, pelo contrário, te pertencerá ainda mais.

Seu olhar chegará no outro, o penetrará e, então, perceberá os degraus que acabou de subir. Ah, mas talvez você não queira subir, né? Talvez o olhar do outro te afete, te intimide ou, mais perigoso ainda... talvez te ganhe. E eu sei, o seu medo é se perder e por isso olha apenas para baixo, apenas para os seus próprios pés. Já não consegue ver a bala que fere o inocente, a morte próxima, o planeta engolindo plásticos e mais plásticos.

Não te dói a cabeça olhar para baixo? Como ainda dorme em paz?

Não consigo compreender como dentro de você não há empatia, eu não consigo entender. Mas enfim, se algum dia chegar a encaixar o teu olhar no horizonte, se conseguir sentir palpitar a tua pupila ao olhar para o próximo sem julgamento, nesse dia, então, aproveita e olha para o céu.

Ao olhar para cima verá o todo, perceberá a consciência e também a natureza. Assim aprenderá que ela é o teu guia e é você quem deve servi-la, não o contrário.

Quando olhar para cima e voltar o olhar para o teu próximo, terá encontrado o verdadeiro sentido da vida.

Para as certezas que não temos e para as oportunidades em que nos lançamos: coragem!

Acordei hoje pela manhã e fui direto para a cozinha. Sabendo que dorme dentro de você um leãozinho faminto, preparei ovos mexidos com abacate e pão integral torrado, aquela combinação que gostamos. Quando a cafeteira soltou no ar o cheiro de café passado, senti as tuas mãos em minha cintura e o teu beijo no meu ombro. Com um olhar silencioso e a carinha de preguiça, você me presenteia com o primeiro sorriso do dia.

Preparo a mesa, me acomodo de frente para você e para o sol que em minutos irá beijar as tuas costas, ele agora nem me prende a atenção. Bebo um gole de café e sorrio de canto, te assistindo fechar os olhos em um orgasmo gastronômico. Você toma o seu café e compartilha o sonho que teve essa noite, te questiono e você vai além, muito mais além do sonho que teve. Eu adoro esses seus devaneios! Eu adoro o jeito que você faz a vida ir mais longe, quase que em utopia.

O sol começou a se esfregar em meus olhos através do reflexo, passou pelas tuas costas sem percebermos, estávamos em êxtase. O silêncio senta com a gente e nós o escutamos falar enquanto trocamos olhares. Sentimos o vento leve de uma manhã de domingo. Levanto com a xícara na mão e você me acompanha, chega no sofá antes de mim, bate de leve no mesmo e me convida para deitar em seu colo. As pontas dos teus dedos percorrem os meus olhos e todos os detalhes do meu rosto, quase me ensurdecem, eu quase não entendo que naquele momento você está planejando o nosso dia. Você fala bonito, me pede um beijo e eu perco o meu olhar no teto... Só eu sei o quanto eu pedi por esse momento. Só eu sei o quanto esse sonho foi real.

Levanto do sofá, é hora de parar de sonhar acordada. Lavo a minha xícara e pego um livro, o sol não foi um sonho e agora é a minha companhia. Enquanto ele me aquece, compareço em outro mundo de ideias.

Quantos respiros temos antes de um mergulho profundo?

Você já conseguiu, alguma vez, assistir às curvas do seu corpo através de um outro toque?

Quando o seu corpo encosta no meu, ou quando os seus dedos passeiam pelo meu pescoço, o seu olhar me devora em câmera lenta e o mundo deixa de existir. É como se todo o ruído fosse cancelado e a tua respiração fora de ritmo conduzisse a nossa dança. Nem em tons mais graves eu conseguiria te imaginar.

Esse livro é sobre os amores que acontecem em sincronicidade.

Os que se devoram em sorrisos.

Sobre o que a gente busca incansavelmente e quando tomamos fôlego, somos tomados pelo ar.

Mas, voltando, você deveria ver as suas curvas através de um outro toque.

Olhei para uma foto do mar e senti vontade de escrever sobre você, acho que vocês se parecem.

Eu o admiro, gosto de observar as curvas que ele faz e como se movimenta conforme o vento.

Eu te admiro, gosto de observar o seu sorriso e a sua boca mexendo ao contar histórias. Gosto como se movimenta com a vida e anda rápido, noutras vezes lento.

Eu não o conheço, quer dizer... conheço o sal que provo com a boca, mas não sei sobre as espécies; na verdade, só conheço meia dúzia. Chamo de mar, mas acho que é oceano, ou os dois, no fundo o que importa é a calma que ele proporciona.

Eu não te conheço. Conheço o sal do teu corpo que provo com a boca, mas não conheço as espécies que habitam o seu ser. Te chamo de meu bem, mas és o bem do mundo, de todos aqueles que podem receber a sua alegria de viver e contemplar de perto a sua leveza.

Derramo a água salgada em minha nuca, não tenho consciência da imensidão. Nunca senti o coração acelerar ao me deparar com uma tempestade em alto mar e ainda não sei nadar.

A sua imensidão é ímpar e o meu coração acelera só de pensar nas tempestades que ainda posso encontrar por aí. Mergulho em você, quero te aprender ainda mais e sobre tantas incertezas, sei que navegar é preciso.

O que o mar e você tem em comum? Ambos me chamam para o desconhecido e no desconhecido é onde eu me encontro.

A gente sempre encontra tempo para o que
é de nosso maior interesse.

Tem cheiro de orvalho, mas orvalho tem cheiro? Talvez tenha agora que sinto-o em minha pele, bem próximo da minha pálpebra. Ainda é aurora, é normal esse frescor. Há uma melodia que toca ao fundo e, com ela, os pássaros também cantam, me remete ao gosto da tua boca.

Gosto das cores matinais, quando a voz ainda é rouca e a fumaça beija os lagos.

No passado, acaba o dia e os raios laranjas antecedem o ocaso, agora é a vez do tato, toco a minha pele e sinto falta da sua.

A *Golden hour* se vai, a televisão diz que os próximos dias serão de chuva. Percebo o tempo acelerado e as pessoas apressam o passo.

Corro.

O sol durou o suficiente e deitou-se só, sem aquecer as nuvens. Não sei se o espero voltar, ou se aceito a chuva e me permito chover por mais alguns dias. Ainda com essa dúvida, converso com a lua e entrego tudo o que ainda sinto.

Me deito.

Por agora estou em paz.

Se um dia você sentir a necessidade de descrever o que sente e duvida ser amor o sentimento, infelizmente terá que descobrir por conta própria.

Não sou eu quem vai te dizer que o amor é o que está presente depois de uma longa conversa sobre gostos diferentes. Ou na singularidade do outro quando te escuta contar as suas longas e divertidas histórias. Ah, e não espere que eu diga com todas as letras que respeitar o espaço e a individualidade necessária é amor.

Quando conseguir dar passos longos para além do seu próprio mundo, chegando assim até o outro, perceba o que sente. Com quem você quer estar? Quem você sabe que vai te entender se você falhar ou se disser algo ruim em um dia ruim? Você faria o mesmo por essa pessoa? Quantas vezes você estaria disposto a ir para o outro mundo, apenas para entender o lado de lá e aceitar as diferenças? Eu não vou te dizer que isso é amor.

Se perder no olhar do outro? Rir de tudo e aceitar ouvir a música favorita do outro todas as manhãs, até gostar dela também? Estender o braço esquerdo ou direito e oferecer amparo quando o cansaço bate?

Não sou eu quem vai te dizer o que é o amor ou que você deveria fazer. Você é quem deveria saber o que tudo isso significa para você.

Esteja com pessoas que escutam as suas entrelinhas e que validam os seus sentimentos.

Pega a primeira roupa que encontrar e vem me ver. Aqui tem calor, bebida quente e a possibilidade de um querer maior. O vento cortante e gelado está lá fora, mas eu prometo te aquecer. Vem daqui uma hora.

Quando chegar fala de tudo, mas me permita antes começar com uma história, tenho ânsia de te apresentar detalhadamente o meu mundo. Aproxime-se que eu quero encostar a minha cabeça no teu ombro e assistir o tempo em câmera lenta enquanto os nossos corpos se conversam. Fecha os olhos hoje, amanhã a gente vê.

Eu achava que queria pouco, mas a verdade é que me bagunçou. Vamos para um outro lugar? E depois para outro! Os personagens das minhas histórias se tornam reais e eu te assisto gargalhar. A câmera do celular registra o meu olhar pouco a pouco te percebendo e o coração batendo lento. Olha os teus batimentos, está tudo bem? Então vamos seguir. Vamos um pouco mais.

Não falaremos de livros agora, falaremos do passado como forma de aprendizado, do presente como forma de amor e do futuro... agora não. Mas nos veremos no próximo mês, certo? A gente se comunica muito bem, eu gosto disso. A gente se olha e se vê, se entende. Não paramos de brincar, de fazer piadas e de falar sério quando precisa. Eu tenho certeza que já te conhecia.

É muito cedo para o amor? Ainda é paixão, né? Eu quero você. E você que disse que eu nem fazia o seu tipo, me quer urgentemente. Então, até logo.

— Como faço para sentir a paz?

— Respire e exista.

— E o que eu faço para ter paz?

— Se não souber desapegar, jamais terá paz. Para ter paz, é preciso saber não ter.

A admiração inicia um diálogo interno com a mente e o externo começa dizendo algo sutil através do olhar. A princípio parece loucura, alguém que eu não havia prestado atenção antes agora tem um holofote sobre si.

Logo, a admiração entra em contato com o corpo, fazendo-o mostrar em gestos o quão envolvido está com o novo. O primeiro contato acontece e o inevitável vibra.

A partir de agora tudo terá mais cor, mais graça, as músicas terão mais sentido e a entrega fluirá naturalmente. Percebo que é fácil sustentar um sentimento quando estou distante, mas o melhor acontece quando estou presente: não há fantasias. Existe uma ligação entre nós e o agora, e olhando nos olhos desse alguém eu percebo.

Pulsa, mas pulsa diferente em mim, pulsa em minha mente o desejo em fazer disso, algo duradouro. Tenho fome de saber sobre tudo o que está do outro lado, mas talvez essa minha fome assuste.

Dou dois passos para trás, preciso ver por outros ângulos, preciso andar com mais lentidão e então, desacelero. Ao desacelerar, deixo a admiração de lado e a dúvida surge para me confundir.

E é assim que algo que ainda nem começou termina, pois aconteceu apenas na minha mente.

As nuvens são sobre ficar o tempo necessário.

E, "do nada", você percebe que gosta de samba e de ouvir as músicas diferentes que chegam com pessoas que você nem imaginava encontrar.

"Do nada", você só quer viver de forma mais leve e evitar o que te faz pensar demais. Mas antes de um "do nada", vem o processo da dor. Antes de tudo, a vida é intacta e previsível, o "do nada" transforma-a em o que é realmente viver.

Do nada criam-se as oportunidades, aparecem pessoas e acontece o caminho.

O "do nada" te ouve e se disfarça por aí.

Cuidado com o que você pensa, do nada poderá acontecer.

São sete da manhã de uma sexta-feira, hoje eu enrolei para acordar. Levantei e imediatamente joguei o lençol para arrumar a cama; o vento trouxe seu cheiro. Sorri de canto e achei impossível isso, olhei para a cômoda e você se fez ali. Seu cheiro estava no cordão que você esqueceu por aqui, se foi proposital eu não sei. Agarrei-o como quando te agarro pela cintura, apertei-o como quando te abraço querendo impedir a sua partida, fechei os olhos e senti o seu cheiro, o mesmo que sinto quando repouso o meu nariz no teu pescoço. Deu saudade.

Lembro de você enquanto termino de arrumar a cama, lembro que você gosta dos travesseiros por cima do lençol, lembro que você não desgruda de mim enquanto dormimos e não esqueço que você não pede por alguém específico. Isso me faz perceber que eu, pela primeira vez, também peço apenas por somas do que sou, por ensinamentos que me ajudem a ser uma pessoa melhor e que eu possa ensinar também. Mas se eu estiver pedindo muito, que possamos com paciência nos comunicarmos e, com amor, agradecermos até onde seja possível ir.

Volta logo. Te amo.

Nos primeiros minutos de conversa entrelaçamos os dedos. Sem nem me conhecer, ela sorriu de canto e riu alto. Você entende que isso não é comum nas primeiras horas? E eu estava certa, ela era a anormalidade que eu tanto procurava.

Devo aprofundar ainda mais a história e dizer que fomos longe naquela noite, casamos em frente ao prédio e na saída soltei um "eu te amo", fazia parte do casamento fictício. Foi uma despedida intensa, mas não mais que o nosso reencontro.

Continuaria a história dizendo que hoje estou um pouco distante, mas que meu coração eu deixei com ela, aquelas coisas clichês mesmo, de filme, de quem acaba de conhecer outra pessoa incrível e está terrivelmente apaixonada, mas como eu dizia, fisicamente estou distante. E enquanto estou cozinhando, tempero a comida imaginando se ela gosta daquele tempero. Acordo cedo e olho para o lado, imagino ela ainda de olhos fechados. Saio para ver o dia, imaginando ela comigo, reconhecendo a vida, me ensinando e aprendendo comigo.

Se alguém me pergunta como vai a vida, a primeira e única coisa que eu quero dizer, é que eu a encontrei.

Senti o chão tremer ao mencionar o próximo movimento, estava almoçando sem saber que horas eram. Sabia apenas do tempo lá fora, seco, com um sol extremamente forte, acompanhado das nuvens brancas com curvas imperfeitas. Ainda era dia.

Tento escrever agora sobre o passado. Não quero dessa vez usar palavras repetidas, mas é óbvio que não será possível. Sei que vai parecer ter sido fácil posicionar essas linhas e mencionar sobre a força da incerteza que me invade, mas não foi. Na verdade, nunca é fácil falar e muito menos escrever sobre os meus sentimentos. Aliás, eu deveria dizer que são meus? Não é suficiente a culpa do egoísmo?

Senti o chão tremer ao perceber que as horas não contavam mais nada e que meu dever era apenas tornar os movimentos mais lentos, observar a brisa que me tocava e as oportunidades que iam e voltavam, como ondas de uma praia calma.

Senti ao deitar-me sobre o macio do algodão, que poderia curvar o meu corpo para direita ou esquerda, não fazia diferença alguma. Por longos instantes, projetei o meu pensamento para o futuro e proferi mentalmente palavras de pura insegurança, voltei imediatamente ao presente, desconsiderando o ocorrido e agradecendo pelas sinceras gargalhadas. Pausa.

Essa deve ser a décima viagem que faço e sempre há nuvens no caminho, com exceção do agora. Pela primeira vez, trata-se de um espaço vazio e sobretudo o que ele ensina. Sobre a leveza nos momentos de conforto e sobre a confusão e esperança nos momentos de mudança. Parece que nada do que eu digo é absorvido nesse espaço, mas com cinquenta passos para trás, observando de longe, este vazio se faz sim ciente de si. Aprendendo sobre o peso das citações internas e quanta falta fazem, eu abstraio a linguagem dos atos, cinquenta passos é longe o bastante para sentir frio. E eu sinto.

Quantas roupas cabem no seu armário? Seus livros se misturam com elas? Ou melhor, quanto vale a sua beleza externa quando comparada ao que você aprendeu sobre si e sobre o todo?

Sempre me pareceu mais fácil olhar direto para um ponto e seguir, sem questionar nada, fluir na onda que levanta e terminar a mesma em pé, na prancha. A facilidade de olhar apenas para os próprios pés realmente atrai, mas valido mais a dificuldade em dizer o que dói, no momento em que dói, de aceitar o que te destrói enquanto a insegurança grita. O duro momento em que se é necessário olhar para o todo que te cerca, para só então tomar uma decisão que te arrebenta, mas que pode organizar o caos futuramente. A dificuldade de estar no agora, tendo que lidar com a velocidade em que o sangue pulsa e a insanidade atormenta. Isso é o real.

Tirei o relógio da parede. Apenas os momentos ditarão a hora que estou vivendo, o momento de retroceder, de avançar, de aprender, de olhar para mim e escolher o próximo momento. O chão vai tremer quantas vezes for necessário, mas as coisas irão se ajustar e o que não conseguir, será deixado na parede, no lugar do relógio, deixando assim de existir em minha vida.

Eu tenho tempo, tenho todo o tempo do mundo e eu sei o que eu quero. Se for sempre necessário olhar para o todo e sentir tremer tudo, assim farei.

Oi, meu bem.

Não sei muito bem como começar uma carta dessas e nem sei ao certo se deveria expor a mesma, mas disseram que seria um bom exercício e que principalmente poderia inspirar outras pessoas. Então, que seja.

Hoje é o terceiro dia de calor e estamos no inverno. É agosto e geralmente é um mês ruim para mim. Estou partindo agora de um momento delicado e sensível, mas garanto que esse agora não será o mesmo de quando você chegar. Ainda tenho algumas questões para alinhar por aqui, algumas dúvidas, alguns jeitos de lidar com o outro, mas estarei melhor em breve. E então, você irá chegar.

Eu só espero estar consciente o suficiente para te perceber, pois sei que você é alguém discreto, traz isso em sua natureza. Você observa a vida e faz movimentos sutis, eu sei que há paciência e calma nas suas ações. E você é isso, atitude, você não é alguém reativo.

Eu não sei se poderia, mas já imagino a gente conversando sobre tudo, mas tudo mesmo. Indo madrugada adentro questionando a humanidade, ou enquanto dirigimos por estradas desertas devaneando sobre como esse mundo é gigante. Será que conseguiremos segurar as nossas piadas ruins durante essas conversas profundas? Ou soltaremos sempre que elas vierem e então retornaremos ao assunto com seriedade? Espero que a segunda opção, pois te imagino com um senso de humor único e leve.

Preciso te contar que eu tenho os meus altos e baixos, acredito que isso venha das questões que sempre levanto sobre a vida no geral, mas espero que você não ligue para isso. Terão dias em que vou precisar estar sozinha, completamente sozinha, não vai importar o lugar. Eu ficarei imensamente feliz se você souber respeitar esse momento meu, como também se, enquanto juntos, você conseguir ficar confortável com silêncios momentâneos; eu estou bem, só quero ficar em silêncio um pouco.

Seria muita expectativa minha que soubéssemos nos comunicar bem e muito? Eu vou querer te conhecer e saber de toda a sua história, da sua infância, dos teus sonhos, medos, manias, eu realmente vou me interessar pelas suas entrelinhas. Então, tomara que consigamos conversar sem criar atritos, que saibamos escutar um ao outro sem fazer análises precipitadas e sem julgamentos. Que todas as conversas aconteçam com um olhar de compreensão e terminem com um abraço e um beijo. E que saibamos, acima de tudo, sempre expor os nossos sentimentos um ao outro.

Na minha imaginação, você é alguém extremamente apaixonado pela natureza no geral e gosta muito de mar. É alguém que se emociona com a aurora ou com o ocaso. É alguém que se interessa pelos ensinamentos da vida, alguém que também passa por altos e baixos, mas que sabe pedir e aceitar ajuda. Não há maldade em você e a sua sensibilidade me encanta. A simplicidade vai nos guiar sempre, porque fizemos questão da mesma, em tudo.

Bom, até que para quem não sabia muito quem queria, acho que estou viajando demais por te imaginar assim. Seria muito perfeito se você existisse, mas se existir, eu espero estar consciente o suficiente para te perceber e receber. E assim poderemos sair por aí, viajando, encontrando amigos, recebendo eles em casa, praticando exercícios físicos, nos alimentando saudavelmente, fazendo nhoque e bebendo vinho em uma sexta-feira, dançando músicas bobas, rindo muito de coisas idiotas, nos paquerando, trocando olhares profundos, nos devorando, compartilhando as nossas histórias e um tanto mais de coisas que faremos. Mas principalmente construindo, com paciência, respeito, amor e lealdade, a nossa história juntos. Até onde consigamos ir.

Talvez você realmente exista, do jeitinho que eu te desenhei. Talvez eu tenha exagerado. Talvez você chegue um pouco diferente e vá mudando aos poucos, assim como eu. Talvez você já tenha passado pela minha vida e volte. Talvez já esteja por aqui. Vou deixar todas essas dúvidas e se for para ser, que assim seja.

O fim do dia é sempre sobre o que restou
de nós mesmos.
Nada mais que isso.

Já me despedi de gargalhadas às oito da noite de uma segunda-feira. Tive que dar as costas para um amor leve, que só queria aprender a ser amor.

Errei algumas palavras quando não soube expressar as minhas vontades. Agi por impulso. Já fui muito quando queria ter acontecido mais lento.

O medo me proporcionou perder coisas que nunca tive e também relacionamentos que não consegui manter, mas sobretudo, me ensinou que a vida está nele... através dele.

Quero experimentar a vida com a mesma intensidade e sensibilidade de quando não a conhecia, mas com a responsabilidade e cuidado que o amor carrega. Não tenho mais o medo de perder, nada me pertence, mas desejo experienciar.

Vivi histórias que não eram minhas e passaram a ser, planos que não foram planejados por mim, mas executei mesmo assim. Trilhei caminhos compartilhados e reconheço que foram esses que me trouxeram até aqui, até você.

A última intensidade vivida eu disse que seria a última mesmo, porque eu estava cansada dessa parada de sentir sozinha, pelo menos era sempre isso que me parecia. Agora tenho a impressão que quanto mais os anos passam, mais eu tenho vontade de recuar quando chega alguém que me balança.

E eu sei, se tem uma coisa que eu sei, é o quanto é bom amar alguém, cuidar, ser cuidado, dividir o dia, o café e a vida. Não vejo motivo maior da gente se privar disso além do medo de ser feliz, além do receio de terminar só, apenas porque um dia alguém não soube lidar com seus próprios sentimentos, não soube o valor desses momentos e se desfez por nós.

Você me entende? O que eu quero dizer no fundo é que, quando há verdade, vontade e todas essas coisas boas que antecedem e que explicam o amor, quando há presença, há também motivos para a permanência.

Eu não sei para onde a nossa história vai, não sei nem se a minha vai para algum lugar depois que tudo isso passar. Eu estou repensando até a minha volta, mas eu sei que hoje eu gosto de falar com você, mesmo que seja para te dar bom dia e boa noite, ou para saber que filme você viu. Eu gosto de saber das suas músicas favoritas, ou se ouviu alguma e lembrou de mim. Gosto de me perder nas tuas fotos e de ficar aqui imaginando nós. Isso não me permite querer recuar, por enquanto ocorre o contrário.

E eu posso externar muitas coisas como escritora, falando sobre o amor como um todo e, em outros momentos, de coisas que nem vivo, porque é isso que as pessoas gostam e é, em partes, o que eu faço. Mas quando eu sinto, no momento em que sinto, quando quero viver algo... é em você que tenho pensado.

Você está inteiro para amar alguém?

Visitando as minhas memórias, lembro que quando ainda criança, ficava apreensiva pelas suas partidas e questionava o motivo da visita de poucos dias, por que você não ficava mais? Desde cedo, a despedida era uma questão, mas você tinha tanto mais para me ensinar, tantas coisas ainda sobre a existência. Algumas coisas que você não tinha certeza e me fazia viver por mim mesma, para que eu pudesse experimentar e decidir se me fazia bem ou não.

Conheci belas estradas ao teu lado e aprendi sobre frear antes da curva (ainda que eu estivesse com medo) e acelerar durante a mesma, com confiança. Apelidei carinhosamente essa lição de "psicologia da curva" e levo ela para a vida toda. Assim como levo a lembrança do seu olhar adiante, de águia, sempre antecipando ou evitando turbulências nos inevitáveis acontecimentos. Te assistir viver é uma honra. Ainda que às vezes nos desencontramos nas opiniões, o amor é maior e presente nos detalhes, na simplicidade que você me ensinou a cultivar e no interesse pelo crescimento, por estar sempre em movimento e desbravando os espaços ao seu redor. Eu te amo, viu? E amo todos os valores que aprendi e ainda aprendo contigo.

Sou mesmo fora da caixa.
Me encaixo apenas onde houver amor.

"Para alguém, essa é a estação do ano mais importante, mas não para mim. A única importância que me toma a consciência é de encontrar um plano para reencontrá-la, ou de manter a porta aberta para recebê-la".

Já se passaram alguns anos desde que escrevi essa frase e, como era esperado, algumas coisas mudaram, com exceção de uma...

São nos momentos ensurdecedores e lentos onde o meu olhar encontra um outro, só nesses momentos que tudo estremece eu me pergunto o motivo, mas passa, sempre passa. São apenas momentos. A vida continua, as viagens também, outros corpos me visitam, eu visito outros olhares, mas de repente nos encontramos novamente, naquele mesmo momento, como se fosse uma continuação da nossa história. E eu até vejo esse momento com outros olhos, mas sigo com o mesmo olhar e eu ainda sinto muito, respiro fundo e tudo acaba novamente, ou quase acaba... tem uma porta aberta aqui, um sorriso diferente, e então, eu me movo e te encontro de outra forma. Agora não são momentos que nos levam, são instantes, porque as nossas bocas se passeiam rapidamente e há pressa, não nossa, a pressa é do relógio. Hora de ir embora. Te vejo novamente? Silêncio.

Entendo e faço me mover. Somos livres, sempre fomos, mas eu sei que mais uma parte de mim ficou aqui, eu sempre me demorei para ir.

Longe mais uma vez, não é difícil te esquecer e eu venho tentando; ou talvez nem tanto.

A turbulência passou, dessa vez chegou bem perto de me derrubar, mas pousei em um lugar seguro. E todos os dias eu me esforcei, voltei a pensar em mim, me cuidar, me comunicar com as minhas dores e com meu corpo. Melhorei consideravelmente, e adivinha quem eu encontrei após essa melhora?

Dizem que quando olhamos para o céu estamos olhando para o nosso passado, isso explica porque sempre há uma nuvem em forma de borboleta quando olho para cima. Inclusive, agora que eu estou melhor e tantas coisas mudaram, me parece que essa borboleta desceu e está no meu estômago. Achei um jeito bonito para dizer: você finalmente está aqui? Olhando para mim? Será que agora já posso planejar qual dos meus dedos irá percorrer as curvas das suas costas? Será que vai ser apenas um daqueles momentos ou um longo período?

Lidar com a gente tem sido mais ou menos como lidar com a incerteza do momento em que vivemos e eu tenho aprendido a gostar disso, porque finalmente posso dizer "a gente". Ainda que só até amanhã, eu tenho gostado do que venho sentindo ao ler as tuas seletivas palavras. Às vezes, eu tenho a impressão de que não saberei lidar com o tamanho de ser quem você é, mas ainda assim sinto que é o momento perfeito para eu te mostrar o quanto estou aqui.

Agora mais do que nunca eu acredito em "tudo no seu tempo" e também torço para que a gente se olhe e diga: por que não tentamos isso antes? Ainda que já saibamos a resposta para essa pergunta.

E se por acaso não for você, está tudo bem, eu já sei o caminho para continuar só.

Estou distante de você, mas ainda com o corpo quente do seu toque. Tenho a plena convicção de que não é dessa vida que te conheço, o nosso olhar me conta isso desde a primeira vez em que nos vimos, inclusive a paz vem sempre com a lembrança da nossa troca. E eu quero te ver de novo. Ainda que eu sinta já te conhecer, quero aprender mais sobre você. Mesmo que eu já admire você e a forma como você ama, como você vê a vida, como trata bem as pessoas, como sente, ri alto, como seus olhos brilham, como você consegue melhorar o meu humor em segundos... ainda assim eu quero te viver mais! Você provoca isso em mim.

Cada quilômetro longe faz surgir uma inimizade com as palavras aqui dentro, o sentimento vai calando as escritas, mas eu insisto em te traduzir. Espero que, se algum dia esse texto chegar até você, que você consiga compreender.

Nosso encontro me fez ver que ainda existe amor, sensibilidade, que ainda há silêncios confortáveis, escuta ativa...e por falar em escuta, como eu amo te escutar! Quando você abre a boca, eu paro, tudo para e eu escolho estar ali por inteira. É uma honra te assistir viver!

Enquanto as palavras vão acabando e o sentimento aumentando, quero contar que é primavera. Eu te reconheci na primavera, a estação do nascimento, das flores, dos dias mais longos e quentes. A estação onde as abelhas e as borboletas visitam as flores em busca de néctar. Será coincidência termos nos reencontrado agora? No ponto de equilíbrio do tempo?

Ah, o tempo... respeitamos ele tão bem que me parece não haver dúvidas do porquê ser eu e você, agora. E talvez esse seja o segredo da vida, se encontrar enquanto o outro também se encontra e aí, quando completos, transbordar no reencontro.

A viagem está chegando ao fim, mas sinto que a nossa história acaba de começar. Sou grata pelo seu espaço, por ter me cedido o seu tempo e a sua atenção. Grata pelo cuidado.

Ame muito quem e o quê aparecer no teu caminho, seja sempre – e o máximo possível – você. Lembra de se olhar, se questionar muito e de se cuidar. Faça o seu caminho e as suas escolhas, encontre a sua verdade. Estarei te assistindo com alegria por te ver feliz, e mal posso esperar para te ver de novo e viver tudo isso com você!

Despedidas com prazo de validade: eu gostaria que todas fossem assim.

Antes que a vida adulta me tome os pensamentos e impeça a escrita, sinto agora a vontade de tentar descrever os últimos tempos.

Que privilégio é ter boas amizades, ser regada de boas energias, poder falar tudo o que sinto e ser compreendida, corrigida, ouvir e ser ouvida. Que honra compartilhar a vida com pessoas que emanam amor ao mundo e que sabem contemplar cada segundo de vida, independente do momento em que se encontram. Pessoas que compartilham seus aprendizados.

É um privilégio gozar de corpo são, poder buscar por uma boa saúde, ter um trabalho e, como consequência, poder experimentar boas comidas e bebidas.

Uma gratidão inenarrável tenho por conseguir sentir o amor, olhar para o céu, sentir a arte, amar um outro ser por intensos instantes, tocar outro corpo, ser vulnerável e não ser julgada, trocar olhares profundos, rir com alguém, beijar, abraçar, sentir o coração bater rápido e por se entregar à vida. Grata pela bênção e privilégio do conhecimento, dos livros, da educação e assim ter a oportunidade de me tornar um ser humano melhor, com mais consciência.

Se "hoje é férias", que assim seja todos os dias ou sempre que eu me recordar do tanto de vida que vivi, mas ainda mais do tanto que tenho para viver.

Feliz daquele que cedo descobrirá o seu próprio combustível.

O meu é o céu.

Não importa quantas despedidas existam,

Sempre terei ele para admirar e me reabastecer.

Sente isso...

Sabe quando você está andando de bicicleta ou caminhando na rua sem pretensão de chegar a algum lugar e aí você vê uma sombra no chão vindo até você?

E lá no céu a nuvem está passando pelo sol, mas você não se dá conta na hora e você sente a luz chegando?

E, caso esteja frio, no momento em que a luz chega você se arrepia e então sorri...

Entende? Isso é sobre viver a vida.

O que não puder te acompanhar, deve ficar.
Inclusive seu antigo eu.

Você já segurou um amor pela boca?

Não estou falando dos lábios que se tocam como se fosse um reencontro de vidas passadas, falo dos olhares que se beijam enquanto degustam uma taça de vinho na companhia da lua minguante.

Setenta e duas horas são suficientes para o agora? Eu não sei e ultimamente tenho percebido que o tempo fica melhor nesse formato, fluindo como único e marcando uma história como nunca antes.

A leveza da vida tem se dado na entrega, nos detalhes, em uma encarada acompanhada de um aperto firme de mãos e na percepção de quem está sendo protegido, enquanto caminha do lado de dentro da calçada.

Não há pressa no amor que se constrói, só há receio de que dure pouco.

Já ensaiei te escrever algumas vezes, já escrevi e apaguei algumas linhas. Vou e volto nas nossas conversas, tem tempo, né? Quer dizer, o cronológico não faz nem um ano, mas você já voltou para ler o quanto a gente fala em tempo?

Eu volto sempre para sorrir de canto, sempre para sentir uma coisa leve e a verdade fluindo ao imaginar o sabor das palavras saindo da sua boca. Tem vontade ali.

Você me deu liberdade para compartilhar roteiros, histórias, coisas que poderiam não dar em nada, mas deixou aberta a possibilidade de terminar em uma parada legal. Me prendeu sem prender. O teu amor por compartilhar me encantou.

Aí você me disse que gostava de escrever para si e eu agora escrevendo sobre você, me questiono se tem algo sobre mim aí nos teus escritos.

Gosto das formas que você usa para falar com a vida e principalmente do quão entregue você é com os seus processos e com o seu trabalho.

E mudando de assunto, eu também mergulharia em todos os teus céus, ainda sem vê-los sei que o teu olhar sobre as coisas mais leves também é ímpar, de quem sabe se banhar de vida, de quem conhece a leveza de fechar os olhos e com a mão no peito, cantarolar a banda favorita. Você sabe sentir.

Ainda acho que te conheço há anos, espero que a gente se ache mais vezes por cá e pela vida. Vai ser bonito quando for, sempre falamos disso.

Te guardo de um jeito bonito, te gosto de graça e não tenho pressa. Sobre o nosso tempo... que seja mês que vem, no outro ou pode ser dia vinte e quatro de março, que é quando tudo dá certo.

Fiz.

Fiz e não me arrependo de ter feito, de ter dito o que sentia, quando senti.

Quando não estive consciente das palavras que proferi, pedi perdão e refiz as mesmas.

Quando, por impulso, agi sem pensar, tomei o lugar do outro na sequência dos dias e aprendi com o meu erro.

O tempo todo eu avanço com a bagagem que tenho, com o amor que sinto e com o que absorvo. Não sou mais a mesma de ontem.

Faço, ligo, procuro e várias vezes eu falho nisso tudo. Mas eu tento novamente, sempre.

Me esforço para estar presente ainda que, estar presente para mim, não significa a mesma coisa para o outro, mas eu tento.

É melhor dizer, fazer, agir, ver a vida acontecendo enquanto evoluímos em movimento.

É melhor refazer os laços e amar enquanto há tempo.

Fique, vá, volte, ou se deixe apenas ser, mas não esqueça, acima de tudo, de amar e demonstrar.

Percebo que tenho em meu celular mais fotos do sol nascendo do que se pondo. Gosto de quando as nuvens se tornam tímidas, esbanjando seu charme laranja ou se esfregando lento no azul para anunciar a tendência do dia. Ainda que em um breve momento tudo mude pelo vento, percebi que gosto disso, dos nasceres.

De tudo o que começa, das cores, do dengo, do tímido jeito de se prolongar nas palavras e se encostar na outra vida, apenas para se deixar ali e marcar a galeria de memórias de alguém. Sem pressa, mas com tempo marcado de permanência. Gosto de me acostumar com começos leves que vão se intensificando aos poucos, mostrando suas cores, suas sombras e seu brilho. No seu próprio tempo.

Leve como as despedidas

A gente sempre sabe quando algo vai terminar, ou melhor, a gente sente.

O olhar esfria, a voz vai sumindo e as mensagens vão diminuindo. Vamos vivendo o término enquanto ainda estamos presentes. Então, chega o dia do último abraço e só o nosso coração acelera. Aquela lenta fechada de porta que a gente dá, contemplando os últimos momentos daquele lugar. E, por fim, aquela mensagem que chega e que só nós sabemos o motivo para não mais responder.

Existem dores que só a gente sente, detalhes que só a gente guarda e despedidas que só a gente sabe que são despedidas.

Está difícil suportar tudo. Você me deixava bem quando ligava apenas para dizer que ia passar, que tudo entraria em sua perfeita ordem em um determinado momento. Eu ia para casa, passava um tempo comigo e te deixava ser sua própria companhia, nos sentíamos bem com isso. Você acordava antes de mim, tomava banho enquanto eu continuava dormindo. Com a toalha em volta do corpo, você ia direto para a cozinha passar café, enquanto eu demorava a acordar. Eu nunca fui de me enrolar muito, mas você me deixava tão confortável.

Hoje eu carrego no peito todas as lembranças boas. Sem recorrer às mídias do celular, eu lembro de você instantaneamente ao fechar os meus olhos. Lembro do primeiro dia na sua casa, tocava John Mayer, enquanto os movimentos seguiam no manual, nos devorávamos. Segue em minha presente lembrança a nossa primeira troca de olhares, seus olhos fixamente destinados a mim, a forma como sutilmente nos aproximamos e o nosso primeiro beijo. Nosso *réveillon foi* extremamente feliz, com medo ao passar pelas ruas escuras, mas sobretudo com os dedos entrelaçados e confiantes de nós.

Eu amava a alegria que você trazia para os meus dias. O jeito de se preocupar comigo em detalhes. O quanto me fazia presente mesmo na saudade. Eu fico escrevendo e externando tudo o que vivemos como se eu ainda pudesse sentir a noite chegar para você se encaixar em mim. Como se eu finalmente tivesse encontrado o meu lugar e eu gostava de também parecer o teu, que fosse apenas e durante a noite toda, mas eu gostava.

Eu te perseguia pela casa, lembra? Te enroscava em mim e te sentia me fazer gargalhar. Lembro-me de uma tumultuada semana que tive e que você, mesmo passando por coisas difíceis, enviou-me um girassol com um bilhete que me curou de todo o peso que eu vinha sentindo. No dia seguinte, eu quis me matricular em uma aula de cerâmica para fazer um prato com uma pintura de girassol para você.

Não está escrito o quanto eu gostava do teu jeito de conversar sem proferir uma palavra. Eu sentia, sempre, uma construção de nós.

Mas hoje o sol não apareceu e muito menos as borboletas. Aquele bom dia que eu tanto amava receber não veio. O dia continua nublado e eu continuo te vendo em tudo o que faço. Procurei muitos, mas muitos textos para te enviar e arrancar um sorriso do outro lado da tela, mas infelizmente as incertezas venceram. Decidi escrever para externar o quanto eu sinto, mas nesses casos eu não sei se as palavras funcionam. E eu enrolo, falando do céu, de borboletas, de bons dias, só quero dizer que você faz falta. Uma ou duas palavras suas, dizendo que pensou em mim, enviando uma foto nossa no meio do dia, uma música qualquer só para nos lembrar... eu sinto muita falta.

Você já conseguiu traduzir a despedida de quem parte?

Você já precisou partir de alguém?

Se sim, talvez você já saiba o que é prioridade... aquilo que tem um fim.

Quando chego em casa com o olhar cansado, lembro de quando eu descansava no seu colo. A solidão se torna cada vez mais um abraço nos dias em que eu estaria contigo. Será que você agora lê esse texto com um cigarro na mão enquanto bebe seu vinho? Sem prestar atenção nos ruídos da avenida, será que você sente saudade? Ou já nem acompanha mais os meus escritos?

Ontem lembrei de você dançando e das coisas lindas que dizia. Lembro das felicitações destinadas a mim, onde desejava muitas xícaras de café para nós, ou então a do meu aniversário, que você desejou que houvesse muitos sorrisos como aquele, no meu novo ciclo. Mas aquele sorriso era de uma foto nossa e eu sorria por estar contigo, então não, não houveram mais sorrisos como aquele.

Te lembro chegando na minha vida, fazendo morada, lembro de todas as suas palavras e o quanto você parecia querer ficar, mas também lembro de como se foi aos poucos e eu não pude fazer nada.

Lembro e penso em muitas coisas ainda, mas sei lá, talvez seja só um defeito meu em um processo de afastamento.

Te espero para um recomeço até perceber que já começou com outro alguém.

Se você ama sozinho, talvez seja hora de ir embora.

Respiro em quatro tempos. Quero que o tempo passe rápido, tão rápido quanto naqueles dias em que eu sabia que na semana seguinte eu iria te ver.

Respiro em sete, volto o pensamento para o agora e emano amor ao mundo, precisamos. Sinto o cheiro de grama cortada, ouço a sua gargalhada e você não está aqui. Na melodia de um tambor, meu coração ainda pulsa e eu te encontro.

Você puxa os lábios e sussurra, assovia e canta, a tua alegria me aquece.

Respiro em dez, esqueço de soltar, o coração canta lento, bem lento e você solta a minha mão. Vejo nuvens de algodão ao abrir os olhos.

E deixo tempo curar o amor que ainda sinto.

Não haviam opções. Obrigatoriamente, eu quebrei o costume de sempre escolher a janela e acomodei-me em meu assento no corredor. De um lado, vi uma senhora fechar a persiana, talvez com medo de voar pela primeira vez. Do outro lado alguém também fecha, provavelmente com sono ou com alguma razão para não querer ver a vida lá fora. Hoje eu não serei plateia na dança das nuvens, fecho os meus olhos e descanso.

Chego no meu destino, mais algumas horas de estrada. Agora em terra firme, olhando para o alto presencio as nuvens, o céu daqui parece ser mais azul e só de olhar para a frente já consigo ver as formas. São nuvens brancas e cinzas, com desenhos abstratos, chamadas de *cumulus*.

Entro no ônibus, no primeiro banco consigo ver a estrada. Respiro fundo, mas tão fundo que sinto a paz me abraçar. Invade-me um amontoado de pensamentos e, entre eles, está você dizendo que ama as nuvens, me fazendo perceber a paz que é olhar para cima e respirar o mesmo ar que elas. Faz-me lembrar o quanto de vida eu já senti observando-as seguirem seus cursos. Faz-me sentir o conforto de um dia estar carregada como elas e no outro dia limpa, apenas respirando o céu.

Eu te assisti se despedir como as nuvens de verão que se vão com o vento, mudando rapidamente de formato e de tempo. Mas algo dentro de mim ainda te espera, como as nuvens de inverno, que vem e que ficam. E não se preocupe com o frio, eu serei o teu sol.

Não foi fácil desistir de nós, mas foi só até
eu entender que o
"nós" eram apenas expectativas minhas.

Eu era uma praia deserta pronta para recebê-la.

Preparava as minhas curvas para deixar o impacto dela mais suave. Deixava sempre a minha areia macia demais, de uma forma que quem pisava não ficava por muito tempo.

Ela representava as ondas do mar, ia e voltava da minha vida quando quisesse. Algumas vezes, subia até a minha cabeça, outras vezes, mal tocava os dedos dos meus pés. Algumas vezes, chegava na influência da lua e em outras, era influenciada por sua carência.

Foi assim por muito tempo. Eu me adaptando a ela, moldando minha areia, me transformando e ela sem preocupação nenhuma, indo e vindo.

Foi assim até o dia que eu cansei de ser praia deserta e fui ser oceano.

Enquanto você pensa nos reparos que fará em sua casa, eu aqui distante procuro um jeito certo para lhe dizer adeus, ainda pedindo ao universo um sinal ou apenas um motivo para não ter que me despedir realmente. Tudo em vão.

Eu sei que, com esforço duplo, poderíamos achar um jeito de acomodar coisas e sentimentos, tanto aí dentro de você, como em mim. Eu poderia lhe ajudar com essa bagagem, porque há tanto de você nos meus dias que, eu aposto que é muito mais do que há de mim na sua casa, afinal, você tem essa mania de querer acumular coisas ao invés de sentimentos. Você insiste em colocar um sofá no lugar do primeiro dia em que nos vimos, comprou um abajur para substituir o brilho do meu olhar quando te via, assinou Netflix para ver outras histórias e pôs uma televisão nova na sala, esgotando o espaço e me deixando para fora. Já eu fiquei com essa minha mania de guardar os teus detalhes em mim, apenas eu e eles, no vazio material.

É complicado entender os seus planos e é delicado tentar te encaixar nos meus. Eu juro que eu queria não dizer adeus, mas eu olho para nós e só escuto o nosso silêncio desconfortável. Está em evidência o eco em meu peito e está brilhando o ego da sua casa, a sua leveza ao me substituir pelo prazer.

Ainda que o universo se atrase na resposta, eu preciso me despedir.

As coisas irão terminar e suas únicas
companhias serão as lembranças, então,
faça bons momentos sempre que puder.

A maré está alta e o meu coração dispara através dos meus dedos, rapidamente te descrevo em frases. O vento chega frio na varanda e eu encontro um conforto melhor no sofá. Queria que você pudesse ver como os meus pensamentos te transformam em eternidade agora.

Coloco um bilhete e meio em meu bolso e caminho até você, são chegadas inesperadas e pedidos de retorno. Carrego desculpas e visto um olhar silencioso. Te abraço pela boca e algumas palavras se prendem nas entrelinhas.

Sinto que as conversas mais profundas talvez estejam mesmo no despertar de dois olhares, quando se encontram e conversam sem dizer nada. Mas com certeza não estão no evitar dos mesmos, quando já não conseguem mais se entender e o último a desviar foi o primeiro a desistir.

Em questão de instantes, virei passageira de um carro com destino. Choro mais uma vez no banco de trás, mais uma vez após uma despedida. Tiro o bilhete do bolso direito, palavras que não puderam ser ditas. Eu definitivamente não sei me despedir.

Chego em casa, acendo a luz e a casa colore, a presença das cores ausentam a escuridão. Coloco para tocar aquela marcha lenta que você cantava alto enquanto gargalhamos pela penúltima vez. A saudade já bateu?

Eu deveria ter imaginado, você desviou o olhar de mim no comecinho daquela noite, você já não me encostava muito, você foi ficando parte por parte naqueles momentos frios e eu não percebi. Me deito e você percorre a minha mente, sinto como se a pata de um elefante estivesse sobre o meu peito. A música está terminando com efeito *fade out* e eu descobri que eu odeio *fade out*, mas não só na música, eu odeio coisas que vão acabando aos poucos.

Já não me sinto mais aquela criança de sempre, que escrevia sem ter um motivo. Me sinto, agora, uma adulta que tem motivos tolos para sentir demais e porquês falhos para não sentir novamente. É como se eu quisesse silenciar o rádio ao invés de deixar a próxima música começar. Acho que, no fundo dessa confusão, só quero te arrancar de mim. Estou preferindo o vazio do que o amor em via de mão única.

Dizem que é amanhã que tudo acaba.

Amanhã tudo voltará a ser como nunca antes foi, mas não estaremos mais juntos para saber.

Não sei se hoje depois da meia-noite ou se amanhã às vinte e duas, ninguém me diz com certeza quando poderei me despedir.

Dizem também que não haverá tempo para correr, nem para se arrepender do que se fez ou evitou fazer. Será instantâneo o ponto final, visto que cumprimos, com intensidade ou não, o nosso momento.

Ainda teve um sussurro quase esquecido de alguém com a voz rouca de sono, a frase anunciava que não seria doloroso, pelo menos não depois de amanhã.

Mas calma! Haverá um depois de amanhã?

Se houver, procure-me. E o presente momento – do tempo e de nós – continuará sendo nosso.

Todos os dias tenho a sensação de estarmos nos esquecendo.

Eu ainda não sei escrever cartas de despedidas. Tenho me esforçado para aprender, pois de tempos em tempos isso se repete; doses incontroláveis de adeus acontecem. Mas eu não sei ficar em paz ao te ver fechar a porta.

A nossa rotina foi interrompida no estalar dos teus lábios ao dizer que me amava, mas que precisava ir. Vejo esse filme passar na mesma proporção e intensidade por vidas alheias, o mesmo roteiro, penso até que está programado que isso aconteça. Em meus devaneios, imagino que em algum lugar do mundo está escrito que pessoas que amam demais encontram pessoas que não amam na mesma proporção, mas isso só acontece para que algum lado aprenda algo, e nem sempre é o lado que ama menos que aprende. Esse é só um exemplo dos devaneios que me ocorrem, das fugas em que tenho tentado justificar que o amor existe, mas a desistência é mais forte.

Nós costumávamos falar sobre isso, lembro de concordarmos que nada tinha fim e você dizer que as coisas só mudariam a nomenclatura, mas o sentimento continuaria se manifestando nos mesmos batimentos cardíacos, no mesmo pulsar da íris, de forma mais lenta até se transformar em lembrança. Para você nada tinha fim, mas em sua primeira oportunidade, nós tivemos um.

Em nossas conversas, eu citava a falta que eu sentiria caso não nos víssemos mais e você insistia em dizer que era só uma quebra de convivência que facilmente se transformaria em lembrança.

Você era prática e objetiva e eu admirava muito essas características suas, menos quando se tratava da possibilidade de eu não acordar ao seu lado, ou de não gargalhar ao te ver gritar com excitação algo aleatório no meio da sala, da rua ou da balada...o meu drama era constante.

— E se não nos víssemos mais? — eu dizia.

— Mas deixar de se ver não quer dizer que seja o fim — você insistia.

Eu admiro muito a tua determinação em tudo! Admiro ainda mais a sua capacidade de argumentar com embasamentos que, mesmo que sejam apenas seus, me fazem repensar uma vida toda e sobretudo antes de te responder.

Você dizia:

— Pensa em alguém que morreu ou em alguém que amou secretamente outro alguém a vida inteira! Essa pessoa viver outro amor, não quer dizer que ela deixou de amar ou não quer dizer que a lembrança é de um final, algo que já foi. Lembrança é a mais linda prova de que algo é presente. Entendeu?

Sim, hoje eu entendo. Você é uma lembrança presente.

Você dizia também que eu como escritora (mesmo sem eu me considerar uma), se fosse escrever sobre isso, eu pensaria e não falaria necessariamente da gente, mas sim de relacionamentos. Eu nunca saberei se essas linhas chegaram até você e foram lidas, mas agora eu escrevo sobre isso de uma maneira perdida e falha. Eu digo que o amor não termina, mas eu sei que o momento da despedida é inevitável.

Percebo que há um momento em que as ligações acabam, a preocupação descansa e os olhares esquecem de se querer. Você não me procura mais e eu receio que ao te procurar ocorra a rejeição. Provo disso na pele e na escrita, a rejeição existe. Mas o que são essas atitudes, além do amor de alguém que ainda tenta, sobre quem já esqueceu até de lembrar?

Havia dentro de mim um adeus consciente do fim, nós inclusive falamos sobre ele. Eu diria "ok, seja feliz!", você diria o mesmo e o nosso amor se transformaria, mas você deixou tão claro para eu não te esperar que eu atropelei meio mundo dentro de mim. E acabou.

Se eu fosse escrever sobre o amor e sobre duas pessoas eu escreveria isso:

início, meio e fim. Quando? Não sabemos.

O Silêncio é alguém que se vai de alguém.

Quando conseguir se perceber em detalhes, correrá o risco de assistir tudo perder o sentido e a estrada ser apenas tua.

Não seria mentira se dissessem que eu virei as costas por não suportar te ver com um outro alguém. Eu amo a sua felicidade, mas não ficarei para assistir de perto a minha substituição.

Existe sim espetáculo mais bonito que o teu sorriso.

Existe brilho mais intenso que o brilho dos teus olhos.

E tem coisa mais clichê do que todas as frases e poemas que eu te escrevo, isso é fato.

O que não existe é a possibilidade de eu caminhar, só ou com alguém, nas ruas que andávamos, sem lembrar de você. Não tem como não te ver em cada prédio de tijolinho, em cada planta pendurada ou nas casas de vila. Ainda que alarguem as ruas e que tirem as calçadas, nada muda o fato de que éramos eu e você, e hoje eu ando com a saudade.

A saudade é a única coisa que conta, é a única dor suportável.

É saudável respeitar os ciclos.

É preciso.

Para seguir em paz, com um pouco de caos no começo, mas em paz.

Não consegui até hoje calcular quantas emoções senti naqueles últimos instantes em que te olhei. Ainda que a matemática não caiba em sentimentos, arrisco dizer que a saudade antecipada já estava ocupando oitenta por cento do meu peito.

A cada abraço, a cada beijo lento, o teu cheiro... tudo sendo eternizado ali naquele instante. Um vazio começara a se formar e a dor se ocupava de mim. Eu não sabia mais qual era o momento certo para a última piada interna, para o último gesto de carinho e por não saber, decidi fechar logo a porta e partir.

Acabei de encontrar com o teu cheiro no ônibus e a sua música favorita está tocando no celular do passageiro ao meu lado, sei disso porque ele canta baixo e movimenta os dedos no ritmo, bem como você fazia.

Esse é o terceiro texto que escrevo para você e sempre que leio para alguém, ainda que eu não cite o seu nome, esse alguém diz ter visto você nas entrelinhas.

A tua presença tem sido constante nos meus dias, mas é à noite que tudo me sufoca. Lembro-me da vez em que você me fez gargalhar e disse que, compartilhar a felicidade com as pessoas por aí era um dos melhores sentimentos e propósitos. Quando eu questionei, você já tinha ido de encontro ao próximo. Todas as noites lembro disso e me esforço para fazer tudo isso passar rápido. Quero com urgência, compartilhar novamente a minha felicidade por aí.

Mas enquanto isso não acontece, mais um livro terá você como protagonista.

Que não exista um depois igual.
Que seja este o momento.
Que a vida seja vivida em sua intensidade.

Para todas as pessoas que saíram da minha vida sem aviso: sou grata. Vocês me ensinaram o que não fazer. Porque isso dói.

Para aquelas que saíram avisando: perdão por insistir tanto na permanência de vocês. Certamente eram e ainda são importantes para mim. O tempo todo me passou pela cabeça não existir mais vida sem vocês. Eu tive e ainda tenho dificuldade em deixar ir.

Reconheço o meu apego e egoísmo em querer segurar um sentimento que excedeu o limite. Mesmo que ainda só de um lado, não era o momento. Às vezes, insisto mesmo na permanência até que chegue o vazio, quando deveria e me faria melhor optar pela vírgula ou pela realidade de um reencontro nulo.

Perdão se te machuquei ao pensar somente em mim, eu ainda estou aprendendo sobre tudo.

Encontre-me hoje ou amanhã, eu preparo um café com surpresa. Conte-me como foi até agora, por onde foi, como o trabalho está. E os seus amigos? Você sabe falar tão bem sobre eles. Deixe o café esfriar que eu o esquento quantas vezes for preciso. É melhor te ver enrolar para falar, do que ter que lidar com a tua indiferença e com a ausência das suas notificações.

Se não puder me encontrar, deixe as cortinas abertas, o sol irá substituir os meus beijos e te acordar cedo com o mesmo calor que tinha o toque dos meus dedos.

Se eu baguncei as tuas respostas com as minhas perguntas, me perdoa, refletiu aqui também e agora eu vi que não é fácil se organizar. Vou fingir que esse espaço que se forma entre nós é apenas mais um tempo. Antes tínhamos data, mas agora vou deixar com o acaso o convite de reencontro. Se não tiver um, saiba que nada mudou, ainda te amo.

E na verdade, o amor para mim é isso, eu sempre te admirei e desejo que seja feliz. Se estiver com alguém, se continuar longe, aqui ou lá. E quando precisar de mim, você sabe o caminho, ou só pede para eu cancelar algum compromisso que eu vou até você.

Sorrio de canto e balanço a cabeça. Como se palavras fossem te convencer de voltar e ficar, depois de tanto tempo e ainda mais agora. Apago antes de te enviar. Esse é o último para você.

Imagino a dor de passar a vida em função da felicidade alheia. E aí quando se chega ao final dela, não é possível reconhecer o que te faz feliz.

Saudades inenarráveis de momentos imensuráveis e das alegrias simples.

Não me prendo às horas e muito menos ao calendário, sei que terei que vencer essa demora que é te encontrar. Mas também já te tenho o suficiente, que é, para mim, lembrar do teu olhar ao fechar os meus olhos. Onde e quando eu quiser, te puxo das lembranças para o agora e o tempo fica relativo. Você é presença mesmo que não queira ser.

Ainda de olhos fechados, te escuto contar detalhes da sua história que cabem perfeitamente no meu jeito atual de medir as minhas emoções: objetivamente tocando nos pontos que só a você interessam.

Esse teu jeito de ver a vida parece com o meu jeito de sentir: como se tudo fosse uma gigante aventura onde queremos achar o que perdemos antes mesmo de aprender; um jeito para não perder mais nada.

Você esteve em mim ainda antes de eu te conhecer. Esse encontro aconteceu primeiro nas palavras. Antes de sentir o gosto de Djavan na tua boca, eu já te escutava. Isso serve para eu perceber que nunca estive só, ainda que eu gostasse, ainda que eu quisesse e mesmo se eu quiser seguir assim a partir de hoje, não estarei só.

Se um dia eu te encontrar, eu só e você com alguém, ainda assim saberei que existe ali uma versão boa de mim, mas uma pequena versão má que ainda vai querer te segurar nos braços pelas próximas estações. E com certeza terá em você uma versão que eu não pude acompanhar mudar e crescer. Porque, afinal, você é movimento, é sutileza e entrega nas entrelinhas. Você é do mundo.

Ao abrir os olhos, me despeço, e farei isso até que inevitavelmente – pela força do tempo ou de um novo amor – eu esqueça de te aquecer em mim.

Espero que você pense em mim de vez em quando.

O que "bagunça a sua mente" quer te ajudar a evoluir.
Só que você não vê.

És tão leve quanto a água que carrega,

mais algumas quadras e eu me esbanjaria no molhado dos teus lábios,

mas o vento virou e fomos para lados opostos.

Agora não espero mais pela sua água

e te vejo desaparecer com alegria no horizonte.

A sua beleza é ímpar.

Obrigada por me permitir contemplar de perto o seu amor.

Estou bem longe de ser a pessoa que decora nomes de músicas, artistas ou filmes, mas não sei mais o que fazer para esquecer os seus olhos fechando lentos ao dizer "te amo".

Tenho tentado muito substituir os poucos e intensos dias que vivemos, mas não falho um dia em te lembrar.

Fico pensando se ainda espera o café esfriar para esquentar várias vezes ao dia.

Se ainda enrola para tomar banho, se ainda carrega a mesma leveza na fala. Falando em leveza, éramos isso, lembra? Aliás, será que você ainda imagina o que poderíamos ter sido?

Eu queria ainda ser a pessoa que aparece para você quando você aperta os olhos ao acordar, mas acho que não sou mais. E todos os dias, quando lembro de você, tento esquecer. E então, desde quando você escolheu ir, eu escrevo tudo o que eu gostaria de te falar e depois apago.

É ruim quando às dez da noite me bate uma saudade enorme de encostar a vida em um abraço-casa e descansar.

Mas é muito bom quando no mesmo instante confio que esse sorriso está por aí em algum lugar e só mais um pouco de vida falta para nos encontrarmos.

Só se pode beijar outra vida quando se sabe qual beijo quer dar.

Eu quis construir um manual das despedidas sem nunca saber me despedir. Achava que aquele instante em que todos param para observar um pôr do sol, para escutar um amigo, o momento em que fecham os olhos em um beijo ou se demoram em um abraço, pensava que apenas isso já poderia traduzir o que é uma despedida. Mas tem mais, a vida sempre tem mais. O último amor sempre vai parecer ter sido definitivamente o último e o próximo parece que nunca mais chegará. Mas tem mais.

Escrevi à mão e com letras cursivas poucas cartas de despedida em minha vida, para ser mais exata foram duas. E ainda que não tenha sido eu quem escolheu ir embora, voltei para casa na companhia de palavras que não couberam na carta. Tranquei a porta e aprendi a conviver com as minhas sombras, repensei o amor e cuidei de mim. Observei as nuvens que sempre me acompanharam. Todos os dias elas passeavam de um lado para o outro enquanto aceitavam cada movimento da terra, cada ciclo natural da vida. Aceitei a analogia e percebi que nossa vida é isso, uma passagem em céus conhecidos e desconhecidos. É o fluir com o vento e aceitar os movimentos. É, sobretudo, movimento!

Me vejo simples, como as nuvens. Mas nem todas as despedidas foram leves e por isso apenas aceito, até que eu consiga lidar melhor – e do meu próprio jeito – com o que restou.

Ainda sem saber me despedir, aceito e me despeço. A partida é inevitável e eu sinto que é mais fácil chegar ao fim da vida do que ao entendimento do adeus.

E se o céu for um nada que reúne tudo?
As estrelas, as fases da lua, as nuvens, os
temporais, as cores, o mesmo sol todos os dias
ou sóis diferentes a cada dia... O céu então
se torna um palco, onde só pode assistir ao
espetáculo aquele que olha para cima.

Olhar para cima é contemplar o todo sem precisar ter nada. E o nada se tornará, enfim, uma soma de todos os instantes em que fomos muito.

Vê agora como o céu ficou
mais perceptível?